Fußball EM 2024

Fan-Abenteuer

Fußballbuch für Kinder & Jugendliche. Alles Rund um die EM 2024!
Mit Spielplan, Quiz, Malvorlagen und spannenden Fakten zur Fußball Europameisterschaft

1. Auflage

ISBN: 9798878432849

Dieses Buch gehört:

Deine Mannschaft:

Male hier das Trikot deiner Mannschaft

Inhaltsverzeichnis

Tooooor!

Willkommen!

Dieses Buch ist der perfekte Begleiter für alle kleinen und großen Fußballfans, die sich auf die Europameisterschaft 2024 freuen. In den kommenden Wochen wird sich ganz Europa im Fußballfieber befinden, wenn die besten Nationen auf dem Kontinent gegeneinander antreten, um den begehrten EM-Titel zu erobern.

Dieses Buch ist mehr als nur eine gewöhnliche Lektüre – es ist ein interaktives Abenteuer voller Malspaß, einem kniffligen Quiz und spannender Informationen über Stadien und den Spielplan der EM 2024!

Tauche mit uns ein in die aufregende Welt des Fußballs und entdecke, was diese EM so besonders macht. Von den Stadien, bis zu den talentierten Spielern, die ihre Nationen vertreten, werden wir alles erkunden. Aber das ist noch nicht alles! Mit allem, was wir für dich vorbereitet haben, kannst du deine Fußballbegeisterung auf kreative Weise ausleben und voll aufblühen.

Es wird ein Sommer voller Spaß und aufregender Spiele, die du nie vergessen wirst. Bist du bereit, dich auf dieses Fan-Abenteuer einzulassen?

Los geht's!

Gruppen EM 2024

Gruppe A

- Deutschland
- Schottland
- Ungarn
- Schweiz

Gruppe B

- Spanien
- Kroatien
- Italien
- Albanien

Gruppe C

- Slowenien
- Dänemark
- Serbien
- England

Gruppe D

- Niederlande
- Österreich
- Frankreich
- *

Gruppe E

- Belgien
- Slowakei
- Rumänien
- *

Gruppe F

- Türkei
- Portugal
- Tschechien
- *

* Drei Mannschaften stehen noch aus. Trage das Land ein, sobald sich ein Team qualifiziert hat.

Gut zu wissen!

Fakten zur EM 2024

- Gastgeberland Deutschland wird die EM 2024 ausrichten, was das zweite Mal nach 1988 ist.

- Die EM findet vom 14. Juni bis zum 14. Juli 2024 statt.

- Es werden 24 Mannschaften am Turnier teilnehmen, wobei Deutschland als Gastgeber automatisch qualifiziert ist.

- Deutschland wird das Eröffnungsspiel am 14. Juni 2024 in München gegen Schottland bestreiten.

- Spiele werden in zehn deutschen Städten ausgetragen, darunter Berlin, München, Düsseldorf, Stuttgart, Köln, Hamburg, Leipzig, Dortmund, Gelsenkirchen und Frankfurt.

- Die zehn Stadien haben eine Gesamtkapazität von ca. 616.000 Zuschauern.

Fakten zur EM 2024

- Das Finale findet am 14. Juli 2024 im Olympia Stadion, in Berlin, statt.
- Insgesamt haben sich 55 Mannschaften für die EM 2024 beworben.
- Es werden insgesamt 51 Spiele ausgetragen.
- Die EM 2024 wird die siebzehnte Europameisterschaft im Fußball sein.
- Das Maskottchen dieser EM heißt Albärt und ist ein Teddybär.

Gruppenphase - Spielplan

Gruppe A

Datum	Uhrzeit	Team 1	Ergebnis	Team 2	Ort
14.06.	21:00 Uhr	DEUTSCHLAND	:	SCHOTTLAND	München
15.06.	15:00 Uhr	UNGARN	:	SCHWEIZ	Köln
19.06.	18:00 Uhr	DEUTSCHLAND	:	UNGARN	Stuttgart
19.06.	21:00 Uhr	SCHOTTLAND	:	SCHWEIZ	Köln
23.06.	21:00 Uhr	SCHWEIZ	:	DEUTSCHLAND	Frankfurt
23.06.	21:00 Uhr	SCHOTTLAND	:	UNGARN	Stuttgart

Wer wird Platz 1 & 2 in dieser Gruppe? Meine Prognose:

1 ______________________________

2 ______________________________

Gruppe A

Endresultat:

Platz	Team	S	U	N	T	G	P
1.							
2.							
3.							
4.							

S = Siege

U = Unentschieden

N = Niederlagen

T = Tore

G = Gegentore

P = Punkte

Gruppe B

Datum	Uhrzeit	Team 1	Ergebnis	Team 2	Ort
15.06.	18:00 Uhr	SPANIEN	:	KROATIEN	Berlin
15.06.	21:00 Uhr	ITALIEN	:	ALBANIEN	Dortmund
19.06.	15:00 Uhr	KROATIEN	:	ALBANIEN	Hamburg
20.06.	21:00 Uhr	SPANIEN	:	ITALIEN	Gelsenkirchen
24.06.	21:00 Uhr	KROATIEN	:	ITALIEN	Leipzig
24.06.	21:00 Uhr	ALBANIEN	:	SPANIEN	Düsseldorf

Wer wird Platz 1 & 2 in dieser Gruppe? Meine Prognose:

1 ______________________________

2 ______________________________

Gruppenphase - Spielplan

Gruppe B

Endresultat:

Platz	Team	S	U	N	T	G	P
1.							
2.							
3.							
4.							

S = Siege
U = Unentschieden
N = Niederlagen
T = Tore
G = Gegentore
P = Punkte

Gruppe C

Datum	Uhrzeit	Team 1	Ergebnis	Team 2	Ort
16.06.	18:00 Uhr	SLOWENIEN	:	DÄNEMARK	Stuttgart
16.06.	21:00 Uhr	SERBIEN	:	ENGLAND	Gelsenkirchen
20.06.	15:00 Uhr	SLOWENIEN	:	SERBIEN	München
20.06.	18:00 Uhr	DÄNEMARK	:	ENGLAND	Frankfurt
25.06.	21:00 Uhr	ENGLAND	:	SLOWENIEN	Köln
25.06.	21:00 Uhr	DÄNEMARK	:	SERBIEN	München

Wer wird Platz 1 & 2 in dieser Gruppe? Meine Prognose:

1 ______________________________

2 ______________________________

Gruppe C

Endresultat:

Platz	Team	S	U	N	T	G	P
1.							
2.							
3.							
4.							

S = Siege

U = Unentschieden

N = Niederlagen

T = Tore

G = Gegentore

P = Punkte

Gruppenphase - Spielplan

Gruppe D

Datum	Uhrzeit	Team 1	Ergebnis	Team 2	Ort
16.06.	15:00 Uhr	*	:	NIEDERLANDE	Hamburg
17.06.	21:00 Uhr	ÖSTERREICH	:	FRANKREICH	Düsseldorf
21.06.	18:00 Uhr	*	:	ÖSTERREICH	Berlin
21.06.	21:00 Uhr	NIEDERLANDE	:	FRANKREICH	Leipzig
25.06.	18:00 Uhr	NIEDERLANDE	:	ÖSTERREICH	Berlin
25.06.	18:00 Uhr	FRANKREICH	:	*	Dortmund

* Die Mannschaft stehen noch aus. Trage das Land ein, sobald es sich qualifiziert hat.

Wer wird Platz 1 & 2 in dieser Gruppe? Meine Prognose:

1 ______________________________

2 ______________________________

Gruppe D

Endresultat:

Platz	Team	S	U	N	T	G	P
1.							
2.							
3.							
4.							

S = Siege
U = Unentschieden
N = Niederlagen
T = Tore
G = Gegentore
P = Punkte

Gruppe E

Datum	Uhrzeit	Team 1	Ergebnis	Team 2	Ort
17.06.	15:00 Uhr	RUMÄNIEN	:	*	München
17.06.	18:00 Uhr	BELGIEN	:	SLOWAKEI	Frankfurt
21.06.	15:00 Uhr	SLOWAKEI	:	*	Düsseldorf
22.06.	21:00 Uhr	BELGIEN	:	RUMÄNIEN	Köln
26.06.	18:00 Uhr	SLOWAKEI	:	RUMÄNIEN	Frankfurt
26.06.	18:00 Uhr	*	:	BELGIEN	Stuttgart

* Die Mannschaft stehen noch aus. Trage das Land ein, sobald es sich qualifiziert hat.

Wer wird Platz 1 & 2 in dieser Gruppe? Meine Prognose:

1 ____________________________________

2 ____________________________________

Gruppenphase - Spielplan

Gruppe E

Endresultat:

Platz	Team	S	U	N	T	G	P
1.							
2.							
3.							
4.							

S = Siege

U = Unentschieden

N = Niederlagen

T = Tore

G = Gegentore

P = Punkte

Gruppe F

Datum	Uhrzeit	Team 1	Ergebnis	Team 2	Ort
18.06.	18:00 Uhr	TÜRKEI	:	*	Dortmund
18.06.	21:00 Uhr	PORTUGAL	:	TSCHECHIEN	Leipzig
22.06.	15:00 Uhr	*	:	TSCHECHIEN	Hamburg
22.06.	18:00 Uhr	TÜRKEI	:	PORTUGAL	Dortmund
26.06.	21:00 Uhr	TSCHECHIEN	:	TÜRKEI	Hamburg
26.06.	21:00 Uhr	*	:	PORTUGAL	Gelsenkirchen

* Die Mannschaft stehen noch aus. Trage das Land ein, sobald es sich qualifiziert hat.

Wer wird Platz 1 & 2 in dieser Gruppe? Meine Prognose:

1 ______________________________

2 ______________________________

Gruppe F

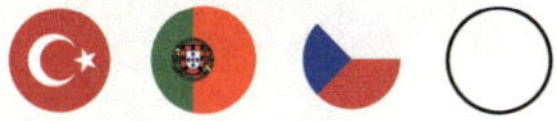

Endresultat:

Platz	Team	S	U	N	T	G	P
1.							
2.							
3.							
4.							

S = Siege

U = Unentschieden

N = Niederlagen

T = Tore

G = Gegentore

P = Punkte

Tabelle der Drittplatzierten

Endresultat:

Platz	Team	S	U	N	T	G	P
1.							
2.							
3.							
4.							
5.							
6.							

S = Siege

U = Unentschieden

N = Niederlagen

T = Tore

G = Gegentore

P = Punkte

KO Phase

Achtelfinale

Achtelfinale 1 - Am 29.06. um 18 Uhr in Dortmund

Platz 1 Gruppe A		Platz 2 Gruppe C
	:	

Achtelfinale 2 - Am 29.06. um 21 Uhr in Berlin

Platz 2 Gruppe A		Platz 2 Gruppe B
	:	

Achtelfinale 3 - Am 30.06. um 18 Uhr in Köln

Platz 1 Gruppe B		Platz 3 Gruppe A/D/E/F
	:	

Achtelfinale 4 - Am 30.06. um 21 Uhr in Gelsenkirchen

Platz 1 Gruppe C		Platz 3 Gruppe D/E/F
	:	

KO Phase

Achtelfinale

Achtelfinale 5 - Am 01.07. um 18 Uhr in Frankfurt

Platz 1 Gruppe F | : | *Platz 3 Gruppe A/B/C*

Achtelfinale 6 - Am 01.07. um 21 Uhr in Düsseldorf

Platz 2 Gruppe D | : | *Platz 2 Gruppe E*

Achtelfinale 7 - Am 02.07. um 18 Uhr in München

Platz 1 Gruppe E | : | *Platz 3 Gruppe A/B/C/D*

Achtelfinale 8 - Am 02.07. um 21 Uhr in Leipzig

Platz 1 Gruppe D | : | *Platz 2 Gruppe F*

KO Phase

Viertelfinale

Viertelfinale 1 - Am 05.07. um 18 Uhr in Stuttgart

Sieger AF 3 | : | *Sieger AF 1*

Viertelfinale 2 - Am 05.07. um 21 Uhr in Hamburg

Sieger AF 5 | : | *Sieger AF 6*

Viertelfinale 3 - Am 06.07. um 18 Uhr in Berlin

Sieger AF 7 | : | *Sieger AF 8*

Viertelfinale 4 - Am 06.07. um 21 Uhr in Düsseldorf

Sieger AF 4 | : | *Sieger AF 2*

KO Phase

Halbfinale

Halbfinale 1 - Am 09.07. um 21 Uhr in München

Sieger VF 1 | : | *Sieger VF 2*

Halbfinale 2 - Am 10.07. um 21 Uhr in Dortmund

Sieger VF 3 | : | *Sieger VF 4*

Finale

Am 14.07. um 21 Uhr in Berlin

Sieger HF 1 | : | *Sieger HF 2*

Stadion-Guide

Hier finden die Spiele statt

Volksparkstadion

Das Volksparkstadion, auch bekannt als Imtech Arena oder AOL Arena in der Vergangenheit, ist ein renommiertes Fußballstadion in der Stadt Hamburg. Das Stadion wurde erstmals im Jahr 1953 eröffnet. Es ist die Heimat des Fußballclubs Hamburger SV, einem der traditionsreichsten Vereine in Deutschland.

Ort: Hamburg

Kapazität: 57.000 Zuschauer

Verein: HSV

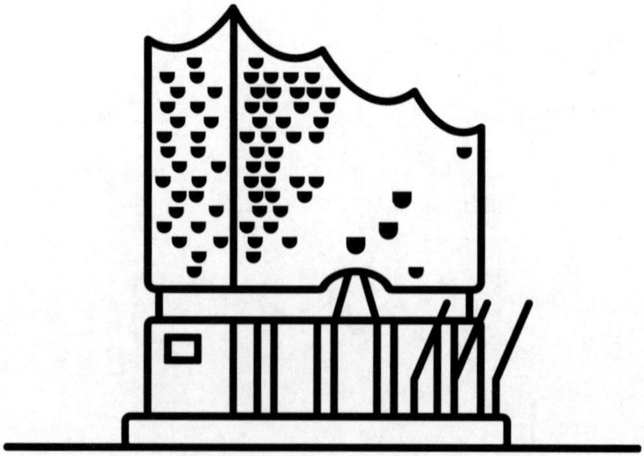

Stadion-Guide

Volksparkstadion

Von Kim Holger Kelting - Eigenes Werk, CC BY 4.0,
https://commons.wikimedia.org/w/index.php?curid=56483845

Von Foto: Reinhard Kraasch, Lizenz: CC-BY-SA 4.0 DE, CC BY-SA 4.0,
https://commons.wikimedia.org/w/index.php?curid=11441700

Olympiastadion

Das Stadion wurde ursprünglich für die Olympischen Sommerspiele 1936 in Berlin erbaut und ist seither ein bedeutendes Wahrzeichen der Stadt. Das Olympiastadion beeindruckt mit seinen eleganten Säulen, einer halbkreisförmigen Fassade und einem hohen, offenen Dach. Das charakteristische Merkmal des Stadions ist der Glockenturm, der einen Panoramablick auf die Umgebung bietet. Für die Modernisierung vom Stadion wurden mittlerweile 242 Millionen Euro investiert.

Ort: Berlin

Kapazität: 74.000 Zuschauer

Verein: Hertha BSC

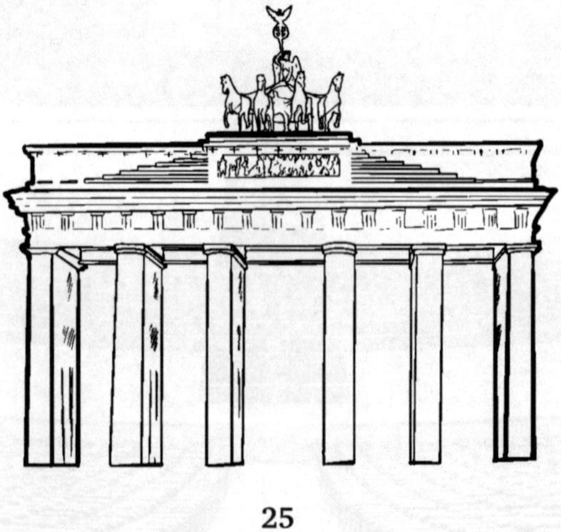

Olympiastadion

Von Matthias Süßen - Eigenes Werk, CC BY-SA 4.0,
https://commons.wikimedia.org/w/index.php?curid=93994685

Foto: Von Martijn Mureau - Eigenes Werk, CC BY-SA 4.0,
https://commons.wikimedia.org/w/index.php?curid=45530006

Red Bull Arena

Das Stadion wurde 2004 eröffnet und wurde für die FIFA Weltmeisterschaft 2006 umgebaut und modernisiert. Es ist die Heimat des Fußballclubs RB Leipzig und wurde im Jahr 2010 umbenannt, nachdem der österreichische Getränkehersteller Red Bull Hauptanteilseigner des Vereins wurde. Die Kosten für das Stadion lagen bei 116 Millionen Euro.

Ort: Leipzig
Kapazität: 47.000 Zuschauer
Verein: Red Bull Leipzig

Stadion-Guide

Red Bull Arena

Von Arne Müseler / www.arne-mueseler.com, CC BY-SA 3.0 de, https://commons.wikimedia.org/w/index.php?curid=117667479

Von Markus Unger - https://www.flickr.com/photos/markusunger/33159936873/, CC BY 2.5, https://commons.wikimedia.org/w/index.php?curid=70794954

Allianz Arena

Das Stadion wurde 2005 eröffnet und ist die Heimat der beiden Münchner Fußballvereine, des FC Bayern München und des TSV 1860 München. Die Allianz Arena zeichnet sich durch ihre charakteristische äußere Fassade in den Farben Rot und Weiß aus. Kosten für dieses Stadion liegen bei 340 Millionen Euro.

Ort: München

Kapazität: 75.000 Zuschauer

Verein: FC Bayern München und TSV 1860 München

Stadion-Guide

Allianz Arena

Von Mohamed Yahya from Saarbrücken, Germany - Evil Arena, CC BY-SA 2.0, https://commons.wikimedia.org/w/index.php?curid=84458963

Von MrT HK - Allainz Arena, CC BY 2.0, https://commons.wikimedia.org/w/index.php?curid=54296216

MHP Arena

Die MHP Arena wurde im Jahr 2009 eröffnet und hat sich seitdem zu einer wichtigen Veranstaltungsstätte in der Region entwickelt. Der Name "MHP" steht für "Mieschke Hofmann und Partner," ein Beratungsunternehmen, das als Namenssponsor fungiert. Bis zum Jahr 2023 war dieses Stadion bekannt als Mercedes-Benz Arena. Die Kosten für den Bau sowie die Renovierungen liegen bei ca. 295 Millionen Euro.

Ort: Stuttgart
Kapazität: 60.000 Zuschauer
Verein: VfB Stuttgart

Stadion-Guide

MHP Arena

Von Arne Müseler / www.arne-mueseler.com, CC BY-SA 3.0 de, https://commons.wikimedia.org/w/index.php?curid=118286652

Von RudolfSimon - Eigenes Werk, CC BY-SA 3.0, https://commons.wikimedia.org/w/index.php?curid=85900459

Signal Iduna Park

Das Stadion wurde 1974 eröffnet und wurde im Laufe der Jahre mehrmals renoviert. Es ist heute eines der größten und modernsten Fußballstadien in Europa. Außerdem ist es das größte Stadion dieser EM. Die Kosten für das Stadion lagen bei 200 Millionen Euro.

Ort: Dortmund

Kapazität: 81.000 Zuschauer

Verein: Borussia Dortmund

Signal Iduna Park

Von Arne Müseler / www.arne-mueseler.com, CC BY-SA 3.0 de,
https://commons.wikimedia.org/w/index.php?curid=85363052

Von Валерий Дед - 2013 Signal Iduna Park (Westfalenstadion 2005), CC BY 3.0,
https://commons.wikimedia.org/w/index.php?curid=54250874

Veltins-Arena

Das Stadion wurde 2001 eröffnet und ist das erste komplett überdachte Stadion mit einem verschließbaren Dach in Deutschland. Es wurde speziell für die FIFA-Weltmeisterschaft 2006 modernisiert und erweitert. Ihr Merkmal ist das bewegliche Dach, das es ermöglicht, das Stadion bei Bedarf zu öffnen oder zu schließen, je nach Wetterbedingungen oder Veranstaltungsart. Die Kosten für das Stadion lagen bei 191 Millionen Euro.

Ort: Gelsenkirchen
Kapazität: 62.000 Zuschauer
Verein: FC Schalke 04

Veltins-Arena

Von Helfmann, CC BY-SA 3.0,
https://commons.wikimedia.org/w/index.php?curid=53494073

Von DerHans04 - Eigenes Werk, CC BY-SA 3.0,
https://commons.wikimedia.org/w/index.php?curid=15987060

Merkur Spiel-Arena

Das Stadion wurde 2004 eröffnet und ist die Heimat des Fußballclubs Fortuna Düsseldorf. Es wurde ursprünglich als "LTU Arena" bekannt und erhielt später den Namen "Esprit Arena" und schließlich "Merkur Spielarena" durch Sponsoren. Die Fertigstellung dieser Arena hat 218 Millionen Euro gekostet.

Ort: Düsseldorf

Kapazität: 54.000 Zuschauer

Verein: Fortuna Düsseldorf

Merkur Spiel-Arena

Von Peter Weihs - https://www.duesseldorf-tourismus.de/attraktionen/merkur-spiel-arena-6e20c61937, CC BY-SA 4.0, https://commons.wikimedia.org/w/index.php?curid=126483192

Von Ghermezete - Ghermezete, Gemeinfrei, https://commons.wikimedia.org/w/index.php?curid=10471856

RheinEnergieSTADION

Das Stadion wurde 1923 eröffnet. Es war ursprünglich als “Sportpark Müngersdorf“ und "Müngersdorfer Stadion" bekannt, bevor es den Namen "RheinEnergieSTADION" durch Sponsoren erhielt. Die Kosten dieses Stadions lagen bei 117 Millionen Euro.

Ort: Köln

Kapazität: 50.000 Zuschauer

Verein: 1. FC Köln

RheinEnergieSTADION

Von © Raimond Spekking / CC BY-SA 4.0 (via Wikimedia Commons), CC BY-SA 4.0, https://commons.wikimedia.org/w/index.php?curid=89386644

Von Maximilian Zarbl - Maximilian Zarbl, CC BY-SA 3.0, https://commons.wikimedia.org/w/index.php?curid=9480104

Deutsche Bank Park

Das Stadion wurde 1925 eröffnet. Es wurde ursprünglich als "Waldstadion" bekannt, bevor es den Namen "Commerzbank-Arena" erhielt. Seit 2020 trägt es den Namen "Deutsche Bank Park". Die Kosten für den Bau und Umbau belaufen sich auf 188 Millionen Euro.

Ort: Frankfurt am Main
Kapazität: 56.000 Zuschauer
Verein: Eintracht Frankfurt

Stadion-Guide

Deutsche Bank Park

Von Patrik Meyer - Patrik Meyer, CC BY-SA 4.0, https://commons.wikimedia.org/w/index.php?curid=99681682

Von Sven Mandel - Sven Mandel, CC BY-SA 4.0, https://commons.wikimedia.org/w/index.php?curid=117999545

Unsere TOP 11

Superstars

Auf diese Spieler solltest du definitiv ein Auge werfen!

Weitere

Superstars

Romelu Lukaku,
Leandro Trossard

Nicolo Barella,
Sandro Tonali

Dominik Szoboszlai

Aurelien Tchouameni,
Antoine Griezmann

Jude Bellingham,
Phil Foden,
Bukayo Saka

Bernardo Silva,
Bruno Fernandes,
Rafael Leao

Granit Xhaka,
Xherdan Shaqiri

Gavi

Hakan Çalhanoğlu

Cody Gakpo,
Frenkie de Jong

Andrew Robertson

Dušan Vlahović

Team

Deutschland

TOR

1 Marc-André ter Stegen

12 Kevin Trapp

22 Bernd Leno

26 Oliver Baumann

ABWEHR

2 Antonio Rüdiger

3 Malick Thiaw

4 Jonathan Tah

5 Mats Hummels

15 Niklas Süle

17 David Raum

20 Robin Gosens

MITTELFELD

6 Joshua Kimmich

8 Leon Goretzka

10 Florian Wirtz

11 Julian Brandt

14 Jamal Musiala

16 Pascal Groß

18 Jonas Hofmann

19 Leroy Sané

21 İlkay Gündoğan

23 Robert Andrich

25 Chris Führich

ANGRIFF

7 Kai Havertz

9 Niclas Füllkrug

10 Serge Gnabry

13 Thomas Müller

24 Kevin Behrens

Dreamteam

Deine TOP 11

Erstelle hier dein eigenes Team aus deinen 11 Lieblingsspielern

Teste dein Wissen

Quiz

#1 Wann fand die erste Fußball EM statt?

A) 1960

B) 1980

C) 1956

D) 1984

#2 Welches Team gewann die erste Fußball EM?

A) Frankreich

B) Sowjetunion

C) Jugoslawien

D) Tschechoslowakei

#3 Wie viele Mannschaften gab es bei der ersten EM?

A) 4

B) 8

C) 16

D) 32

#4 Wer hat am häufigsten den EM Titel gewonnen?

A) Frankreich

B) Italien

C) Portugal

D) Deutschland & Spanien

Quiz

#5 Wie oft hat Deutschland den EM Titel gewonnen?

A) 1x

B) 2x

C) 3x

D) 4x

#6 Wer hat am öftesten bei einer EM teilgenommen?

A) Christiano Ronaldo

B) Ilker Casillas

C) Gianluigi Buffon

D) Lothar Matthäus

#7 Wer hat die meisten Tore in einer EM geschossen?

A) Michel Platini

B) Christiano Ronaldo

C) Antoine Griezmann

D) Zlatan Ibrahimović

#8 Wer hat am öftesten teilgenommen bei einer EM?

A) Italien

B) Spanien

C) Frankreich

D) Deutschland

Quiz

#9 Wer war am öftesten in einem EM Finale?

A) Sowjetunion / Russland

B) Portugal

C) Italien

D) Deutschland

#10 Wie viele Mannschaften nehmen an der EM2024 teil?

A)14

B) 20

C) 24

D) 18

#11 Wie viele Spiele finden dieses Jahr insgesamt statt?

A) 51

B) 49

C) 56

D) 45

#12 Wer Gewann 2008 die EM & verteidigte den Titel 2012 mit Sieg?

A) Deutschland **B) Italien**

C) Spanien **D) Kroatien**

Teste dein Wissen

Quiz

#13 Wer gewann die EM 2004 gegen alle Erwartungen?

A) Portugal

B) Schweden

C) Italien

D) Griechenland

#14 Wer erzielte das einzige Tor im EM Finale 2008?

A) Michael Ballack

B) Fernando Torres

C) Philipp Lahm

D) David Villa

#15 Wie lautet das Endergebnis vom EM Finale 2012?

A) 1:0

B) 4:0

C) 3:1

D) 2:2

#16 Wer erzielte in der EM-Laufzeit den höchsten Sieg?

A) Niederlande 6:1 gegen Jugoslawien

B) England 4:0 gegen Italien

C) Spanien 6:1 gegen Portugal

D) Deutschland 5:1 gegen Kroatien

Teste dein Wissen

Quiz

#17 Wie schnell war das schnellste Tor bei einer EM?

A) 36 Sekunden

B) 54 Sekunden

C) 1:07 Minuten

D) 2:07 Minuten

#18 Wer erzielte bei der EM 2020 die meisten Eigentore?

A) Deutschland und Dänemark

B) Portugal und Slowakei

C) Slowakei und Griechenland

D) Italien und Frankreich

#19 Wie heißt der Sieger Pokal?

A) Henry-Delaue Pokal

B) Henri-Delulu Pokal

C) Henry-Delauney Pokal

D) Henri-Delaunay Pokal

#20 Welcher Spieler erzielte die meisten Tore bei der EM 2016?

A) Antoine Griezmann

B) Olivier Giroud

C) Gareth Bale

D) Christiano Ronaldo

Teste dein Wissen

Quiz

#21 Wo findet das Finale der EM 2024 statt?

A) Berlin

B) München

C) Hamburg

D) Stuttgart

#22 Welches Team gewann die EM 2020/21?

A) England

B) Frankreich

C) Italien

D) Portugal

#23 Wie viele Spieler dürfen maximal in einer Nationalmannschaft bei der EM 2024 sein?

A) 20 B) 22

C) 23 D) 25

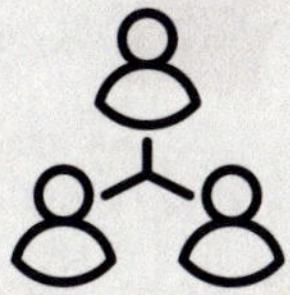

#24 Welcher Spieler erzielte das schnellste Tor bei einer EM?

A) Dmitri Kiritschenko B) Robert Lewandowski

C) Christiano Ronaldo D) Emil Forsberg

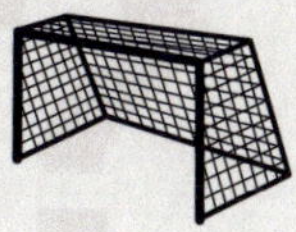

Teste dein Wissen

Quiz (Lösungen)

#1 - A
#2 - B
#3 - A
#4 - D
#5 - C

#6 - A
#7 - B
#8 - D
#9 - D
#10 - C

#11 - A
#12 - C
#13 - D
#14 - B
#15 - B

#16 - A
#17 - C
#18 - B
#19 - D
#20 - A

#21 - A
#22 - C
#23 - C
#24 - A

Wie viele Fragen hast du richtig beantwortet?

20-24 richtige Antworten: Absoluter Fußball-Experte
13-19 richtige Antworten: Fußball Profi
6-12 richtige Antworten: Halbprofi
0-5 richtige Antworten: Anfänger mit Potential

Verrückte Fußball Rekorde

- Brasilien hält den Rekord für die meisten FIFA-Weltmeistertitel mit insgesamt fünf Titeln.

- Der höchste registrierte Sieg in einem internationalen Spiel war Australiens 31:0 gegen Amerikanisch-Samoa im Jahr 2001.

- Neymars Transfer von Barcelona zu Paris Saint-Germain im Jahr 2017 für 222 Millionen Euro gilt als der teuerste Fußballtransfer.

- Das längste Fußballspiel dauerte 168 Stunden und wurde 2019 in Deutschland ausgetragen. Dabei wurden 36 Fußballspieler und 60 Schiedsrichter in Schichten eingesetzt.

- Lionel Messi hält den Rekord für die meisten Tore in einem Kalenderjahr mit 91 Toren im Jahr 2012.

Verrückte Fußball Rekorde

- Der brasilianische Torwart Ederson hält den Rekord für den weitesten Ballwurf aus der Hand. Stolze 75,45 Meter die er 2018 im Etihad-Stadion demonstrierte.

- Der Verein SOE Antananarivo aus Madagaskar hat im Jahr 2002 149 Eigentore in einem einzigen Spiel geschossen. Der Grund dafür war ein Protest gegen die Leistung des Schiedsrichters.

- Das schnellste Tor bei einer WM wurde von Hakan Şükür aus der Türkei erzielt, nur 11 Sekunden nach dem Anpfiff bei einem Spiel gegen Südkorea während der Fußball-Weltmeisterschaft 2002.

Verrückte Fußball Rekorde

- Miroslav Klose aus Deutschland hält den Rekord für die meisten Tore bei Fußball-Weltmeisterschaften. Er erzielte insgesamt 16 Tore während seiner WM-Karriere.

- Robert Lewandowski stellte 2015 direkt vier Weltrekorde an einem Tag auf. Für den schnellsten Hattrick (3 Min. 22 Sek.), den schnellsten Viererpack (5 Min. 42 Sek.) und den schnellsten Fünferpack (8 Min. 59 Sek.). Außerdem brach er den Rekord für die meisten Tore eines eingewechselten Spielers.

- Lothar Matthäus hält den Rekord für die meisten Länderspiele in der Geschichte des deutschen Fußballs. Er bestritt 150 Spiele für die deutsche Nationalmannschaft und war eine zentrale Figur in den erfolgreichen 1990er Jahren.

Verrückte Fußball Rekorde

- **Der brasilianische Fußballstar Pelé wurde 1958 jüngster Weltmeister in der Geschichte.**

- **Die deutsche Nationalmannschaft hält aktuell den Rekord für die meisten Spiele bei Fußball Europameisterschaften (53 Spiele), sowie die meisten gewonnen Spiele bei Europameisterschaften (29 gewonnene Spiele).**

- **Den Rekord für die meisten Niederlagen bei Europameisterschaften hält aktuell Dänemark mit 17 Niederlagen in 33 Spielen.**

- **Der brasilianische Torwart Rogério Ceni erzielte in seiner Karriere 131 Tore, darunter Freistoßtore und Elfmeter. Damit hält er den Rekord für die meisten Tore als Torwart.**

Hier hast du Platz für deine eigene Zeichnung

Hier hast du Platz für deine eigene Zeichnung

Deine persönlichen Highlights

Auf den nachfolgenden Seiten hast du Platz, um alles aufzuschreiben, was dir persönlich am besten gefallen hat. Zum Beispiel kannst du aufschreiben, welches Spiel du am spannendsten fandest, welche Mannschaft dich am meisten überrascht hat, welcher Fußballspieler am besten gespielt hat oder wer das beste Tor dieser EM geschossen hat. Lass deiner Fantasie freien Lauf.

EM 2024

Deine persönlichen Highlights

....

....

....

....

....

....

....

....

....

....

....

....

....

Herausgeber:
Tobias Torjäger wird vertreten durch:

Julia Jules
c/o autorenglück.de
Franz-Mehring-Str. 15
01237 Dresden

Bilder: canva.com, wikipedia.org, shutterstock.com

Printed in France by Amazon
Brétigny-sur-Orge, FR

18555590R00042